Cendrillon
Trois Petits Cochons

CENDRILLON

Dans un pays lointain, que personne ne connaît, vivait une belle et douce jeune fille que tous appelaient Cendrillon. Elle avait perdu sa maman lorsqu'elle était toute petite.

Son père s'était remarié avec une femme qu'il croyait bonne, mais qui était la cruauté même. De plus, elle avait deux filles incroyablement laides et aussi méchantes qu'elle. Pour comble de malheur, le gentilhomme mourut et Cendrillon tomba sous l'emprise de ces trois mégères, qui

se plaignaient continuellement :
– Cendrillon, apporte-moi le café !
– Cendrillon, maladroite ! Retourne à tes fourneaux, tu ne sers vraiment à rien !

Elles passaient la journée à insulter la pauvre fille et à lui donner des ordres. Pourtant, plus que du travail et plus que des insultes, Cendrillon souffrait de ne pas avoir auprès d'elle un être cher qu'elle pût aimer.

Elle se taisait, obéissait et, lorsqu'elle était seule, donnait libre cours à ses larmes.

Mais il existait malgré tout des êtres qui adoraient la petite fille.
Où étaient-ils ? Oh, partout ! Dans le grenier, dans le garde-manger, dans les arbres, dans l'herbe, dans le ciel.

C'étaient les oiseaux qui venaient pépier près de sa fenêtre, les petites souris qui fuyaient devant le chat... et tous recevaient la tendresse et les soins de leur amie Cendrillon.

Ils essayaient aussi de la consoler du mieux qu'ils pouvaient.
Ce matin-là,
la mère et ses filles étaient très excitées.
On avait annoncé qu'un bal aurait lieu au palais et l'on savait que le prince épouserait l'une des jeunes filles présentes à cette soirée.

— Le prince choisira sûrement l'une de mes jolies filles, disait la belle-mère à Cendrillon. Mais toi, tu n'iras pas au bal, ajoutait-elle méchamment, tu resteras à la maison, il y a du travail.

Le grand jour arriva et les trois femmes s'en allèrent au bal, fières et hautaines, tandis que Cendrillon restait seule à pleurer.
Soudain, la cuisine s'illumina et la bonne fée Grassouillette, sa marraine, apparut. Elle consola la jeune fille en la touchant avec sa baguette magique.

Oh, merveille ! Cendrillon se retrouva vêtue de beaux habits et parée de magnifiques bijoux.
Une citrouille fut transformée en carrosse, des petites souris en chevaux blancs et une paire de dindons en laquais tirés à quatre

épingles. La fée, souriante, dit alors à Cendrillon :

— Sois heureuse, chère enfant, et n'oublie pas qu'avant que les cloches sonnent le dernier coup de minuit tu devras avoir quitté le bal. C'est mon unique condition.

Cendrillon le promit et elle partit dans le carrosse, tiré par les chevaux blancs... En un instant, elle arriva devant le château. Lorsqu'elle apparut dans le salon, plus belle que jamais, les convives se turent, muets d'admiration.

Cependant, le plus charmé fut sans aucun doute le prince, qui l'invita immédiatement à danser.

Tous les invités se disaient :

– Qui est donc cette jeune personne ?

Le prince se sentait très heureux et
Cendrillon était radieuse...
Tous deux se regardaient dans
les yeux sans pouvoir se quitter
un instant.
Soudain, les cloches commencèrent à

sonner les douze coups de minuit. Cendrillon sentit que la fin de son rêve était arrivée. S'arrachant des bras du prince, elle se mit à courir si vite que, dans l'escalier, elle perdit une de ses belles chaussures.

Désolé, le prince ramassa le petit soulier et, bien qu'il cherchât dans toutes les directions, il ne put retrouver sa bien-aimée. Le jour suivant, les messagers du roi annoncèrent publiquement dans toute la ville :

— On recherche la belle jeune fille qui

dansa avec le prince et perdit
le soulier.
Cette dame sera l'épouse du prince,
car il en est très amoureux.
Quand les messagers entrèrent dans

la maison pour faire essayer
le soulier, les demi-sœurs de
Cendrillon s'obstinèrent à vouloir,
coûte que coûte, le mettre à leur pied :
il n'allait à aucune d'elles.
Les trois femmes s'évanouirent
lorsque Cendrillon enfila le soulier...

La jeune fille sourit de bonheur.
Le serviteur du roi s'agenouilla devant Cendrillon, car elle allait devenir la femme de son maître, le prince.
Cendrillon partit en carrosse pour

le palais. Les noces furent célébrées dans la joie et, pendant longtemps, dans les maisons, on parla de ce merveilleux mariage.

LES TROIS PETITS COCHONS

Il était une fois trois ravissants petits cochons qui vivaient très heureux auprès de leurs parents. Un jour, ils décidèrent cependant de quitter leur maison pour aller vivre leur vie.

L'aîné des trois petits cochons, qui était très sérieux, commença très vite à se construire une maison bien solide. Voyant ses frères s'amuser et chanter, il leur dit :

– Vous ne pouvez pas vivre sans toit, car il vous faut une maison pour vous protéger de vos ennemis.

– Oh ! s’exclama le plus jeune, ce n’est pas difficile ! Je vais me faire une maison en paille. Elle sera vite terminée !

Son frère aîné lui dit alors :
– Ta maison de paille ne te protégera pas des bêtes féroces !
Mais le petit cochon n'écouta pas : il préférait continuer à chanter et à rire.

Il fit donc sa maison
en paille. Mais à peine
l'avait-il finie que le loup,
qui était le maître des
lieux, s'approcha,
alléché par l'odeur.
– Hum ! Un petit
cochon bien dodu
pour mon déjeuner :
quelle belle affaire !
Aussitôt, il se mit à souffler de toutes ses forces sur la maison et la paille s'envola. Le pauvre petit cochon, tremblant de peur, supplia le loup de le laisser partir.

Le loup, bien sûr, ne l'écouta pas et il l'enferma dans un grand sac. Le petit cochon pleurait, criait, mais personne ne l'entendait.
Tout content, le loup décida de partir à la recherche du deuxième petit cochon, qu'il entendait chanter à tue-tête. Ce petit cochon-là, un peu

plus prévoyant, avait décidé de se construire une maison en bois. Seulement, à trop chanter, il enfonçait très mal les clous. Le loup, son sac sur l'épaule, arriva devant la maison et dit :

– Viens ici, petit cochon chanteur ; tu vas être à mon menu !
– Je... Je ! bredouilla le petit cochon.
Et il se précipita dans sa maison.
– Cela ne sert à rien de t'enfermer, car je t'aurai quand même !
Le petit cochon s'enferma malgré tout à double tour, tandis que le loup, sûr de lui, s'écriait :

– Je vais t'attraper comme ton frère qui vivait dans sa maison de paille. Regarde, il est enfermé dans mon sac.
En entendant cela, le petit cochon

sua à grosses gouttes et se mit à trembler de la tête aux pieds. Si son frère s'était fait prendre, lui aussi risquait de se retrouver dans le sac et de finir dans le ventre du loup !

Ce dernier se préparait déjà à attaquer. Il avait posé le sac sur l'herbe et il se trouvait devant la porte. Il souffla à nouveau de toute la force de ses poumons et les planches de bois ne tardèrent pas à s'écrouler.
Le petit cochon cria :
– Que la terre s'ouvre et que je disparaisse !

La maison s'effondra comme un château de cartes et le petit cochon se mit à courir pour échapper à son ennemi. Malheureusement, ses pattes étaient beaucoup plus petites que celles du loup, qui ne tarda pas à

le rattraper. Il était terrorisé.
– Pitié ! Pitié ! criait le petit cochon.
Mais le méchant loup n'écoutait que son estomac et il ouvrit son grand sac.
Le petit cochon se retrouva avec son frère, qui continuait à pleurer.

Le loup reprit son sac et partit en direction de la dernière maison.

– Trois petits cochons pour mon déjeuner ! Je vais faire un festin de roi ! fit-il en se léchant les babines.

La maison du troisième petit cochon était en pierre, belle et solide. Le loup s'approcha et cria :

– Eh, petit cochon, montre-toi à la fenêtre, j'ai quelque chose à te montrer !
Très prudent, le petit cochon ouvrit une fenêtre à l'étage.

Il fut très malheureux lorsqu'il aperçut ses deux frères dans le sac, puis, se ressaisissant, il referma vite la fenêtre. Le loup, quant à lui, essayait d'ouvrir les autres fenêtres, mais il

avait beau souffler, rien ne bougeait !
Énervé, il se mit à souffler sur la porte encore plus fort. Mais elle resta bien fermée : elle était très solide.
Pendant ce temps, le petit cochon

sortit par la porte de derrière et il libéra ses frères. Alors que le loup essayait de passer par la cheminée, les trois petits cochons entrèrent dans la maison.

– Je vous avais prévenus ! dit l'aîné. Dans la vie, on peut s'amuser et chanter, mais il faut aussi être sérieux.

Les deux petits cochons baissèrent la tête sans rien dire. Mais ce n'était pas le moment de discuter ; en effet, le loup commençait déjà à se glisser par la cheminée et il fallait faire vite ! Les trois frères préparèrent alors un grand feu et, lorsque le loup se faufila par la cheminée, il tomba au milieu des flammes. Il poussa des hurlements et s'enfuit pour ne jamais revenir. Les trois petits cochons furent pour toujours débarrassés de leur ennemi et ils vécurent très heureux.

ISBN : 2.840.641.48.8

Dépôt légal : date de parution.
Imprimé en Espagne.

TITRES PARUS

Cendrillon ~ Trois Petits Cochons

Le Lièvre et la Tortue ~ Blanche-Neige

Le Chaperon rouge ~ Pinocchio

Alice ~ Peter Pan

Le Petit Poucet ~ Les trois Ours

La Belle au Bois Dormant ~ Le Chat Botté